JULES-LOUIS-ISIDORE PETITDIDIER

INGÉNIEUR DES MINES

4 Février 1855 — 23 Avril 1884

A LA FAMILLE

DE

JULES-LOUIS-ISIDORE PETITDIDIER

INGÉNIEUR DES MINES

Né à Paris, le 4 Février 1855

Décédé à Angers, le 23 Avril 1884.

SES AMIS

Jules-Louis-Isidore PETITDIDIER naquit le 4 février 1855, à Paris, rue Oblin, n° 1, d'une famille d'artisans, dont il était le deuxième enfant. Les ressources du ménage étaient des plus modiques, et Jules était vraisemblablement destiné à vivre plus tard du travail de ses mains. Il n'en fut pas ainsi.

Placé à l'école des Frères vers la fin de 1860, il se fit aussitôt remarquer par une intelligence des plus brillantes jointe à un précoce amour de l'étude. Quelques années plus tard, au concours général des écoles primaires du IIe arrondissement, il fut classé le premier et obtint une bourse qui lui permit d'entrer à l'école municipale Turgot, où il resta près de deux ans. Cette époque décida de sa carrière.

L'un de ses maîtres, M. Arthur Dubois, ne tarda pas à découvrir, après quelques leçons, que son nouvel élève possédait une intelligence d'élite, et il considéra comme un devoir de tout faire pour développer ces précieuses facultés. Non content de lui donner des leçons particulières de mathématiques, il décida M. Lesage, directeur de l'institution Massin, à lui faire enseigner le latin.

Ce n'avait pas été sans peine qu'il avait pu obtenir de la famille Petitdidier qu'elle laissât son fils s'engager dans cette voie inattendue. Les parents avaient bien consenti à retarder pour Jules l'époque de l'apprentissage, parce qu'ils avaient très bien compris que le supplément d'instruction que leur fils allait acquérir à l'école Turgot lui permettrait de devenir un ouvrier d'élite, un comptable, un employé de commerce, peut-être un patron, mais ils n'entendaient pas le déclasser complètement. Tout en se montrant très fiers des succès de leur fils et de son application au travail, ils craignaient que, devenu grand et parvenu à une situation brillante, il ne vînt,

comme il arrive si souvent, à rougir de son origine, à re-
nier sa famille. M. Dubois ne se rebuta pas, il avait su
apprécier l'élévation des sentiments de son élève. Ce
n'était pas, en effet, seulement par suite de son désir
d'instruction que Petitdidier travaillait avec tant d'ardeur, c'était aussi par devoir, il se rendait compte de sa
situation, des sacrifices que ses parents s'imposaient et
il voulait leur prouver ainsi sa reconnaissance. Plus il s'é-
loignait d'eux par le savoir, plus il s'en rapprochait par
le cœur, et c'était à eux, plus qu'à lui-même, qu'il rap-
portait ses succès. M. Dubois avait compris tout cela et
il parvint à rassurer M. et Madame Petitdidier. A force de
sollicitations, tantôt flattant leur amour-propre, tantôt
leur faisant entrevoir qu'un jour leur fils serait le sou-
tien de leur vieillesse, tantôt faisant appel à leur dévouement, il obtint enfin que Jules entrât à l'institution
Massin pour y faire des études complètes.

Il y fut admis comme élève interne dans le courant
de 1869, il avait alors 14 ans. Il y resta jusqu'en 1873, et
chaque année fut marquée par quelque triomphe, tant
au lycée Charlemagne, qu'au concours général. Il fut
reçu bachelier ès sciences le 9 août 1871 et se prépara
ensuite à l'École polytechnique où il entra onzième à
la suite du concours de 1873.

Ce numéro de classement ne suffisait pas à l'ambition
de Petitdidier. Il ne pensait pas avoir encore assez fait
pour que sa famille ne regrettât rien des sacrifices qu'elle
s'était imposés. Il tenait également à honneur de prouver
à son ancien maître, M. Dubois, devenu son ami, qu'il
avait eu complètement raison dans le jugement qu'il
avait porté sur lui dès son enfance. Et il redoubla d'ef-
forts pour sortir en première ligne. Nous le voyons, pendant ses deux années d'École polytechnique, ne profiter
bien souvent de ses jours de sortie que pour venir passer
quelques instants auprès de ses parents et retourner bien
vite au travail. Au concours de 1875 il fut classé le troi-
sième et choisit la carrière des mines.

Un décret du 19 octobre 1875 le nommait élève ingénieur. Il prit part pendant trois ans aux travaux de

l'École des mines, et accomplit chaque année le voyage réglementaire : d'abord dans les bassins houillers du nord de la France et de la Belgique ; l'année suivante en Autriche-Hongrie ; enfin, dans sa dernière année, il visita les mines d'Espagne. Les rapports qui suivirent ces expéditions furent très remarqués et contribuèrent à le faire sortir le premier à la fin de 1878.

C'est malheureusement dans un de ces voyages qu'il contracta les germes de la maladie qui devait l'emporter.

Au sortir de l'école, il fut attaché pendant un an au Conseil général des mines. Le 1er avril 1879, il était nommé ingénieur ordinaire à la résidence d'Angers et chargé en outre du contrôle du chemin de fer de l'État.

Il se signala tout spécialement lors de l'accident survenu à Vieux-Ports (Indre-et-Loire), le 11 août 1882 (éboulement d'une carrière), et plus récemment lors de l'éboulement d'une ardoisière à Angers.

Il avait commencé, en collaboration avec M. Ch. Lallemand, son collègue, une analyse synoptique des rapports officiels sur les accidents de grisou en France, de 1817 à 1881, devant contenir plus de 700 monographies. Ce travail leur avait été confié par la commission chargée, par la loi du 26 mars 1877, de rechercher les moyens propres à prévenir les explosions de grisou dans les houillères. Les deux premiers fascicules de ce travail ont été publiés dans les *Annales des mines* de 1882.

Ses fonctions le désignaient naturellement pour faire partie de plusieurs sociétés départementales, du conseil d'hygiène notamment. Il ne reculait devant aucune tâche ; partout où l'on faisait appel à ses lumières, on pouvait compter en outre sur son dévouement.

C'est ainsi qu'il tint à honneur, bien que sa santé fût ébranlée et donnât déjà de sérieuses inquiétudes, de prendre part chaque année aux exercices de l'artillerie de réserve, dont il était, en dernier lieu, capitaine.

Petitdidier était évidemment destiné à l'avenir le plus brillant. Il pouvait prétendre aux fonctions les plus élevées et les eût certainement remplies avec honneur et distinction. Mais il n'en aurait sollicité aucune. Il regar-

dait sa position comme faite et n'ambitionnait rien de
plus que l'avancement normal à son tour d'ancienneté.

Il avait gardé les goûts simples de ses parents, avait peu
de besoins et évitait tout ce qui ressemblait au faste, à
l'apparat. Il n'aurait pas voulu d'une position qui, le
mettant en évidence, le forçant de vivre dans un milieu
brillant, l'eût contraint de négliger sa famille et ses amis
d'enfance. Il y a quelques années, quand sa santé était
encore intacte, il aimait à parler d'avenir, et il le plaçait dans le mariage et la vie de famille. Il n'aurait pas
voulu d'une jeune fille riche ayant reçu cette éducation
que l'on appelle distinguée, habituée au luxe et à l'élé-
gance. Il sentait qu'une telle femme se serait trouvée dé-
placée dans le modeste logis de ses parents, et que ceux-
ci n'eussent point été suffisamment aimés et respectés.

C'est dans une famille d'ouvriers qu'il eût choisi de
préférence sa compagne, il n'entendait renoncer à aucune de ses affections d'enfance. La réserve qu'il appor-
tait dans ses relations nouvelles tenait à ce sentiment.
Ses parents et ses amis le comprenaient et lui en étaient
d'autant plus attachés que jamais rien dans ses paroles
ou sa conduite ne pouvait leur faire supposer qu'il se
crût leur supérieur. Jamais il ne se permettait la moindre
raillerie, jamais il ne s'est avisé de faire la leçon à personne pour rectifier une opinion hasardée. Il laissait dire,
c'était des satisfactions de cœur qu'il demandait à ses
amis et non l'occasion de briller ; il savait d'ailleurs faire
la différence entre l'intelligence d'un homme et son instruction, et nul n'était moins pédant que lui.

En politique, il était républicain, mais aussi peu mili-
tant que possible. En matière philosophique et religieuse
il ne se prononçait jamais et écoutait sans y prendre
part les discussions qui surgissaient devant lui. On sentait que cela ne le touchait que faiblement. Au reste, il
parlait peu.

Petitdidier était très économe, mais il était en même
temps très généreux et d'une obligeance inépuisable. Sa
bourse était a la disposition de ses amis et jamais il n'a
refusé un service.

Il avait aussi l'esprit d'ordre au plus haut degré et quand, au lendemain de sa mort, ses chefs pénétrèrent dans son bureau pour se rendre compte de la situation de son service, ils trouvèrent chaque chose à sa place et se retirèrent en déclarant qu'ils n'avaient rien à faire, que son successeur pourrait en quelques instants se mettre au courant. Ses papiers intimes étaient pareillement rangés avec un soin méticuleux, ses dépenses notées avec détail depuis un grand nombre d'années. Cette précieuse qualité, jointe à sa remarquable intelligence, à son honnêteté absolue, au profond sentiment du devoir qui était en lui, à son infatigable énergie et à son dédain de soi-même, eussent fait certainement de lui un homme supérieur. Sa mort prématurée est une perte pour le pays aussi bien que pour sa famille et ses amis.

Depuis quelques années Petitdidier était atteint de phthisie pulmonaire. Il avait contracté le germe de cette terrible affection dans un voyage d'excursion. Un rhume, suite d'un refroidissement dont il ne se préoccupa en aucune façon, fut l'origine du mal. Les symptômes s'aggravant, il suivit un traitement, mais il était déjà bien tard, et d'ailleurs il ne le suivait pas régulièrement, et ne se ménageait pas. Jamais il ne prétexta de sa santé pour se refuser à un travail si pénible et si dangereux qu'il fût. Cependant le mal restait en apparence stationnaire, l'énergie morale du malade arrêtait le développement de la maladie, et parfois l'on se demandait si elle ne parviendrait pas à en triompher. Lui, ne se faisait guère d'illusions. Il se savait condamné. Après une période d'abattement et de tristesse qui n'étaient, hélas ! que trop légitimes, il réagit énergiquement, montrant plus d'entrain, plus d'activité qu'auparavant. Mais il ne parvenait pas à s'étourdir. Une question banale sur l'état de sa santé le faisait souffrir et même l'irritait. « Je vais, disait-il, comme quelqu'un qui est en train de décamper. » On avait fini par ne plus lui en parler.

Un événement bien douloureux rompit définitivement l'équilibre.

Sa mère, pour qui il avait une tendresse sans bornes,

fut atteinte d'une tumeur au visage et l'on dut enfin se décider à faire une opération. Mais le mal ne fit qu'empirer et, après quelques mois, le 11 avril dernier, Madame Petitdidier succombait.

Jules ne s'attendait pas à un dénouement si prompt et était à Angers. Prévenu par dépêche, il arriva aussitôt, mais il n'eut pas la consolation de recevoir les derniers adieux de sa mère. Ce fut pour lui un coup terrible.

Le 16 avril, après avoir essayé de consoler son vieux père, il retourna à son poste. Il reprit son service, et s'occupait en outre de préparer les lettres de faire part du décès.

Le dimanche 20 avril, au soir, il sentit un malaise inaccoutumé, des étouffements qui l'inquiétèrent, il descendit à la hâte et alla sonner chez un voisin. La porte ne s'ouvrit pas. A ce moment, une femme passant par là vint à tomber dans un fossé et appela à l'aide. S'oubliant lui-même, Petitdidier s'élança au secours de cette pauvre femme, mais tout à coup il perdit connaissance et tomba, rendant des flots de sang. On le porta dans son lit. Il revint à lui, il ne croyait pas être si malade : « Il faudra, disait-il à sa femme de ménage, que je prenne bien du fer pour refaire tout le sang que j'ai perdu. » Mais le lendemain, une nouvelle hémorrhagie se produisit. « Cette fois c'est bien fini, » dit-il. Et depuis ce moment il se refusa à parler, car chaque mot amenait un flot de sang. Son père, mandé en toute hâte, arriva le mardi matin, et le lendemain 23 avril, à huit heures du matin, il rendait le dernier soupir.

Ses funérailles eurent lieu à Angers le 24, au milieu d'un grand concours de population qui l'accompagna jusqu'à la gare. Le lendemain il fut inhumé à Paris, prés de son frère et de sa mère, au cimetière Montparnasse.

DISCOURS

PRONONCÉ A LA GARE D'ANGERS

Par **M. ORSEL**

INGÉNIEUR EN CHEF DES MINES
CHEF DU SERVICE MINÉRALOGIQUE D'ANGERS

AU NOM DE SES COLLABORATEURS

MESSIEURS, MES CHERS CAMARADES,

Il est toujours bien triste de venir près d'un cercueil rendre les derniers devoirs à un ami dont la mort nous sépare ; mais il est particulièrement douloureux pour un chef déjà avancé dans la vie de dire adieu à un jeune collaborateur à qui l'avenir promettait une si belle carrière.

Permettez-moi de rendre ici, à ce moment suprème, un hommage public au caractère élevé, au dévoûment constant, à l'intelligence remarquable de celui que nous regrettons. Petitdidier, sorti le premier de l'école des Mines il y a cinq ans à peine, après avoir passé une année au Conseil général, avait fait preuve, en prenant le service minéralogique d'Angers et le Contrôle au chemin de fer de l'État, d'une maturité précoce, d'un tact que donnent seuls d'ordinaire l'expérience et le maniement des affaires.

Il n'avait d'ailleurs que le devoir en vue, et jamais il ne s'en est écarté. Rien ne l'arrêtait, pas même sa santé dont il ne se préoccupait pas assez. Il est mort victime de son zèle et de son attachement au devoir.

Dieu le récompensera certainement du bien qu'il a ainsi fait dans sa trop courte vie.

Puisse ce témoignage sincère apporter quelque adoucissement à la douleur de son pauvre père déjà si éprouvé !

Pour moi, Petitdidier, je conserverai fidèlement votre souvenir. Je vous citerai comme exemple à l'ingénieur que le Ministre désignera pour vous succéder.

Adieu, cher camarade et ami, au nom de vos deux chefs, Brossard de Corbigny et moi. Au revoir dans un monde meilleur où nous devons tous conserver l'espérance de nous trouver un jour après avoir rempli ici-bas la mission que Dieu nous donne à chacun.

PAROLES

PRONONCÉES AU CIMETIÈRE MONTPARNASSE

Par **M. TOURNAIRE**

INSPECTEUR GÉNÉRAL DES MINES

AU NOM DE L'ÉCOLE ET DU CORPS DES MINES

MESSIEURS,

J'ai eu l'occasion de voir constamment à l'œuvre, depuis sa sortie des Écoles, le jeune ingénieur que nous avons la douleur de conduire aujourd'hui à sa dernière demeure d'ici-bas.

Je serai l'interprète de tous ses chefs et de tous les membres du corps des Mines qui l'ont connu, parmi ceux qui l'ont précédé de beaucoup dans la vie, en exprimant le profond regret que nous inspire sa perte prématurée, et la grande estime en laquelle nous tenions son caractère, sa capacité intellectuelle et son zèle à s'acquitter de ses devoirs.

Petitdidier remplissait ses fonctions de la manière la plus distinguée. Dès ses débuts, il s'est fait remarquer par la rectitude de son jugement, par la promptitude avec laquelle il y prit pleine connaissance des exploitations qu'il avait à surveiller, et par le soin consciencieux qu'il mettait à l'examen de toutes les affaires ; qualités professionnelles que certaines personnes sont portées à croire faciles et communes, mais qu'en réalité il est rare de voir réunies à un haut degré, surtout chez les jeunes esprits, à qui l'expérience n'a pas eu le temps de donner ses leçons. Cette réunion existait bien chez Petitdidier et déjà le plaçait parmi les ingénieurs dont les avis ont de l'autorité.

Si sa vie avait dû avoir la durée normale, nul doute qu'il n'eût accompli une carrière des plus brillantes, des plus honorables et des plus utiles. Mais en le voyant nous ne pouvions nous défendre de tristes pressentiments ; une petite toux fréquente, suite des fatigues qu'il avait éprouvées dans un voyage d'instruction en Hongrie, la pâleur et la maigreur de ses traits, faisaient naître de funestes inquiétudes.

Lui, ne se plaignait jamais, et accomplissait son service avec une ponctualité complète sans objecter l'état de sa santé.

Les seules représentations que lui faisaient ses chefs étaient pour l'exhorter, ou l'obliger même, à ménager ses forces.

Se faisait-il beaucoup d'illusions ? Je ne suis guère porté à le croire.

Dans les premiers temps de son séjour à Angers il semblait triste ; peut-être, il est vrai, sa réserve et sa timidité contribuaient-elles à cette apparence ; dans les dernières années ses allures et sa conversation avaient pris plus d'entrain, sans que ce fût de la gaité : j'y voyais plutôt de la résignation et du courage.

Cependant, nous n'avions jamais prévu une fin aussi rapide. Les symptômes du mal n'allaient pas en augmentant, et parfois on trouvait dans cet arrêt d'aggravation un motif d'espoir et de confiance.

Il y a des promotions qui sont malheureuses : comment ne me rappellerais-je pas ici que j'ai accompagné à Clermont le corps de Bonnefoy, entré avec lui à l'École Polytechnique et à l'École des Mines, et tué en pleine vigueur, victime de son zèle, par une explosion de grisou dans une houillère du Cantal.

Adieu, cher Petitdidier, ou, au revoir dans un monde meilleur, où vous arrivez avant votre tour.

Puissent ces regrets unanimes apporter quelques consolations à votre vieux père et à votre sœur frappés de deux coups si durs à quelques jours d'intervalle !....

ADIEUX

PRONONCÉS AU CIMETIÈRE MONTPARNASSE

Par le Dr **J. SOCQUET**

AU NOM DES AMIS DE PETITDIDIER

Les nombreux amis de Petitdidier me sauront gré, je l'espère, d'être ici l'interprète de leur affliction et de leurs regrets. D'autres auraient pu le faire en meilleurs termes, mais nul plus que moi qui, depuis vingt ans, ai reçu pour ainsi dire jour par jour la confidence de ses pensées les plus intimes, ne pouvait mesurer l'étendue de la perte que nous venons de faire, nul ne sent plus vivement la douleur de cette cruelle séparation.

Petitdidier a eu le rare privilège de se créer encore enfant des amitiés qui lui ont été fidèles jusqu'à la mort ; la foule qui se pressait hier, à Angers, pour l'accompagner jusqu'à la gare et vous tous ici prouvez mieux que je ne saurais le faire les sympathies qui s'attachaient à sa personne.

Dès ses plus jeunes années, notre malheureux ami avait été distingué par ses maîtres pour sa brillante intelligence et son amour de l'étude, et je demande la permission de rappeler, malgré sa forme familière, le pronostic de l'un d'eux.

C'était lors de la distribution des prix de l'école, Petitdidier avait alors sept ans, et il fut présenté pour être couronné, à l'abbé Simon, curé de Saint-Eustache, qui présidait la cérémonie.

Comment t'appelles-tu ? lui demanda le prêtre.
— Petitdidier. — Continue, mon ami, un jour on
l'appellera grand Didier. — Hélas ! cette prophétie
ne devait pas se réaliser. Le brillant écolier n'a pu
tenir ce qu'il promettait. Pourtant sa carrière a été
bien remplie.

Fils d'honnêtes ouvriers, destiné par sa naissance
à un travail obscur, il sut se faire particulièrement remarquer par ses précoces aptitudes mathématiques,
et l'un de ses professeurs, devenu plus tard son ami,
M. Dubois, que la distance empêche d'être aujour-
d'hui parmi nous, fit d'instantes démarches auprès de
sa famille pour qu'il se préparât à l'École Polytechnique. Il réussit et Petitdidier entrait quelques années
plus tard un des premiers à cette illustre École.

Ses succès vous ont été retracés, je ne les rappel-
lerai pas.

Quand un savant illustre, à la fin d'une carrière
largement remplie, tombe sous les coups du sort,
sans doute, c'est un grand deuil pour la science :
mais il continue de vivre dans ses œuvres, et celles-ci
servent encore aux progrès des générations suivan-
tes. S'il s'agit au contraire d'un jeune homme,
ayant déjà fait concevoir de grandes espérances et
capable de grandes choses, c'est l'arbre vigoureux
détruit avant d'avoir pu donner ses fruits, c'est un
malheur irrémédiable et sans compensation. Aussi,
ceux qui connaissaient l'intelligence élevée, l'esprit
vif et plein de saillies heureuses, et la généreuse
ardeur de Petitdidier, ceux qui avaient pu juger de
son instruction profonde et de ses hautes capacités
pratiques, regretteront-ils amèrement sa mort préma-

turée. Ses chefs l'estimaient et ses collègues aimaient
la franchise de ses allures, et, en même temps, admi-
raient son énergie infatigable pour le travail. Peut-
être ces labeurs incessants n'ont-ils pas été étrangers
à sa maladie.

Je ne m'appesantirai pas sur les éminentes qualités
de son cœur, sur son étonnante modestie, sur son
indifférence pour tout ce qui ne touchait que lui-
même. Je ne parlerai pas davantage de son dévouement à sa famille et à ses amis, ni de l'énergie de
son caractère.

Il avait pour sa mère une véritable adoration et,
bien qu'il n'ait jamais laissé voir publiquement la
douleur que lui a causée sa mort, nous savons qu'il
l'a cruellement ressentie, que ç'a été pour lui un
coup terrible dont, hélas ! il ne s'est pas relevé.

Puisse le témoignage d'unanimes regrets que nous
rendons à sa mémoire être un adoucissement à la
douleur de son malheureux père si cruellement frappé
dans ses plus chères affections, hier dans la compagne de sa vie, aujourd'hui dans un fils qui était son
orgueil et son espoir !

Adieu, bien cher ami, ta vie si courte mais si
remplie sera pour nous un exemple et ton souvenir
ne s'effacera jamais de nos cœurs.

    Adieu !
    Adieu !!

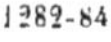